Numerología

2024

Llegó el momento de crecer y adquirir abundancia y prosperidad. El éxito se obtiene pensando y soñando en grande. El 2024 es un año potente, donde podrás obtener dinero, poder y éxito.

Alina A. Rubí y Angeline Rubí

Introducción 6

Numerología 2024 8

¿Qué significa espiritualmente el número 2024? 10

Carta del Tarot según la numerología 2024 11

Número de Trayectoria de Vida o Misión 15

Significado del número 1 16

Significado del número 2 19

Significado del número 3 22

Significado del número 25

Significado del número 5 28

Significado del número 6 31

Significado del número 7 34

Significado del número 8 37

Significado del número 9 40

Cómo Calcular tu Número del Destino o Expresión 42

Significados de los Números de Destino o Expresión 44

   Número de Expresión o Destino 1 44

   Número de Expresión o Destino 2 44

   Número de Expresión o Destino 3 44

   Número de Expresión o Destino 4 45

   Número de expresión o Destino 5 45

   Número de Expresión 45

   Número de Expresión o Destino 7 45

   Número de Expresión o Destino 8 46

   Número de expresión o Destino 9 46

   Números Maestros de Expresión o Destino 46

   Número de Expresión o Destino 11 46

   Número de Expresión o Destino 22 47

   Número de expresión o Destino 33 47

Números de Deudas Kármicas 48

Número de Deuda Kármica 13 48

El fenómeno de ver números repetidos 51

Numerología para los Bebés que Nazcan en el Año 2024 54

Bebes Número 1 54

Bebes Número 2 54

Bebes Número 3 54

Bebes Número 4 54

Bebes Número 5 54

Bebes Número 6 55

Bebes Número 7 55

Bebes Número 8 55

Bebes Número 9 55

Definición del Año personal 56

Como calcular tu Año Personal 57

Año Personal 1 58

Año Personal 2 60

Año Personal 3 62

Año Personal 4 63

Año Personal 5 64

Año Personal 6 65

Año Personal 7 66

Año Personal 8 67

Año Personal 9 68

Tu Número del Alma. Como Calcularlo 69

Significado del Número del Alma 70

Número 1: 70

Número 2: 70

Número 3: 70

Número 4: 70

Número 5: 71

Número 6: 71

Número 7: 71

Número 8: 71

Número 11: 71

Número 22 72

Como Calcular el Número Personal de tu Casa 73

Pasos para Calcular el Número Personal de tu Casa 73

Significa el número de tu Casa 75

La Numerología y el Cuidado de tu salud 79

La Numerología y tu Profesión 83

    Profesiones favorables para los números 1 83

    Profesiones favorables para los números 2 84

    Profesiones favorables para los números 3 84

    Profesiones favorables para los números 4 84

    Profesiones favorables para los números 5 85

    Profesiones favorables para los números 6 85

    Profesiones favorables para los números 7 85

Número de Cumpleaños. Significado 88

    Cómo Calcular tu Número de Cumpleaños 88

    Número de Cumpleaños 1 89

Acerca de los Autoras 105

Bibliografía 108

Introducción

No existe la casualidad, existe la sincronicidad. Todos nacemos un día, lugar, fecha y hora que no son un capricho del destino. Traemos misiones y lecciones específicas de vidas pasadas.

Utilizando la numerología tendremos más autonomía y tomaremos las riendas de nuestro destino.

La numerología es el estudio de los números y su significado. Es una disciplina basada en el concepto de que el nombre, día, mes y año de tu nacimiento, contienen información fundamental relacionada contigo. Analizando los valores numéricos de las letras que componen tu nombre y apellido y los dígitos en tu fecha de nacimiento podrás conocer aspectos importantes de tu personalidad y tu propósito en la vida.

La numerología es una antigua tradición esotérica que ha sido utilizada por todos los místicos y filósofos, desde hace miles de años en China, Grecia, Roma y Egipto.

La Numerología es la correspondencia entre los números y eventos, y el análisis de cómo inciden en la vida. Podemos utilizar la Numerología para conocernos, y explorar nuestros talentos. Es tan amplia que la podemos utilizar para adquirir información sobre nuestra salud, profesiones, relaciones sentimentales y propósitos en la vida.

Se le ha atribuido a Pitágoras el mérito de ser el primero en dominar esta herramienta, por esa razón es considerado el padre de la numerología. No solo hizo extensos aportes al progreso y perfeccionamiento de la numerología, es también el creador de múltiples hipótesis matemáticas.

Numerología 2024

Según la Numerología 2024 este año suma el número
8.

Este número está relacionado a la abundancia, el poder, equilibrio y la justicia.

Durante este 2024 debemos reevaluar la forma en la que nos relacionamos con la prosperidad. Debemos ser organizados, pagar nuestras deudas económicas y organizar nuestras vidas más eficientemente. Es un año donde debemos valorar nuestro tiempo, y enfocarnos en las cosas importantes.

Tenemos que aprender a vivir sin miedo, y debemos tratar de curar nuestras heridas a nivel subconsciente.

Este año te dará la oportunidad de ser próspero a nivel espiritual y material. Tienes que elevar tus niveles de autoestima para lograrlo.

Sera un año con muchos desafíos, pero debes recordar que con ellos aprenderás.

A nivel mundial habrá un incremento de las críticas y rebeliones en contra de los abusos, tiranías, violencias y dictaduras.

¿Qué significa espiritualmente el número 2024?

Los significados de los dígitos individuales que componen el número 2024 según la numerología son:
El número 2 *simboliza la dualidad, familia, vida privada y social. Disfrutarás de la vida en tu hogar y de las reuniones familiares.*

El número 2 indica una persona sociable, amistosa, y empática. Es el número de la cooperación, adaptabilidad, y consideración hacia los demás.

Este número simboliza el equilibrio, la unión y la afinidad. Es también un excelente mediador, honesto y diplomático. Representa la intuición y vulnerabilidad.

El número 4 *llega para establecer estabilidad y. evoca el sentido del deber y la disciplina. Nos habla de construir bases sólidas. Este número te enseña a evolucionar en el mundo material, y a desarrollar tu mente lógica.*

El número 0 *todo comienza en el grado cero y en el punto cero termina. Algunas veces no sabemos el final, pero percibimos el comienzo, ese es el punto cero.*

La Fuerza.

La Fuerza, es la carta del Tarot 11 y 8 a la misma vez. Esta carta del tarot simboliza la firmeza, fortaleza, y tenacidad de sobrevivir.

Este arcano representa la capacidad para superar los obstáculos. El poder de la inteligencia sobre la fuerza. También es la representación de la paciencia, intuición y reconciliación de los polos opuestos.

Desde el punto de vista astrológico, el arcano de La Fuerza del Tarot se relaciona con el signo zodiacal Leo y el planeta Marte.

Esta carta del tarot numerológicamente tiene dos perspectivas, ya que es el número 11 en el Tarot de Marsella, un número maestro, y el número 8 en el Tarot Rider Waite.

La Fuerza es el prototipo de la resistencia. Siempre en contacto con su intuición, y creatividad, pero con un talento, viveza, percepción, y sutileza súper desarrollados.

La Fuerza tiene la capacidad de controlar los instintos más esenciales para alcanzar sus propósitos. Nunca se rinde, y no se extingue, solamente resiste.

La Fuerza infaliblemente consigue lo que se propone, rebasando cada dificultad con perspicacia y astucia.

Este arcano pondrá a prueba tu capacidad de resistencia, entereza, tolerancia, tus límites, y si realmente quieres cambiar algo, o alcanzar un objetivo, vas a tener que ser perseverante sin rendirte al intentarlo.
Lo anterior significa que para lograr tus propósitos vas a tener que dejar de ser impaciente, desterrar el miedo, y enterrar tu ego.

Si el año pasado estuviste tratando de alcanzar una meta y no pudiste alcanzarla eso significa que estabas utilizando los métodos incorrectos. Por eso este año La Fuerza te pide que no cambies el objetivo, sino que cambies tu actitud y los métodos que no te funcionan.

Debes utilizar las energías del arcano La Fuerza para colmarte de su coraje y resistencia. Tienes que ser estoico, osado, y decidido, conquistar tus miedos, y eso lo vas a lograr solamente con disciplina y constancia.

Nada impedirá que llegues a tus metas, no debes apresurarte, y tampoco darle la espalda a los retos que aparezcan en tu camino.

Este es un arcano de poder, no debes apurarte, abraza los desafíos y continua pacientemente. Tú posees el poder y la resistencia para vencer. No te sientas mal por las cosas que están fuera de tu control, enfócate en ti, en tu interior. Tienes que pulirte para conseguir ser tu mejor versión.

En el amor esta carta del tarot significa la fidelidad, y las relaciones estables. Simboliza el esfuerzo diario que toda pareja debe hacer para mantener la relación sana, y que se convierta en una unión feliz.

En el aspecto material esta carta del tarot anuncia que se avecina una temporada próspera, y que si eres inteligente podrás dominar cualquier situación por difícil que sea. Vas a recibir todos los reconocimientos que te mereces, vas a ser recompensado. Este es el año para cumplir tus sueños.

Tu capacidad de trabajo aumentará, serás perseverante y sabrás planificar y caminar la milla extra, siempre con tu vista en el futuro.

Esta carta del tarot anuncia que tu salud será buena, ya que tendrás mucha vitalidad. Tendrás que ser disciplinado en el área de tu bienestar, pero estás en el camino correcto, estarás muy saludable.

Esta carta del Tarot: **La Fuerza,** *te recuerda que tienes la capacidad y fortaleza interior para poder conseguir todo lo que te propongas.*

Número de Trayectoria de Vida o Misión

Para calcular tu número Trayectoria de Vida o Misión, ese dígito que te muestra tus habilidades y destrezas, y te suministra indicios sobre las oportunidades en tu vida, debes sumar tu fecha de nacimiento, es decir sumar todos los dígitos de tu fecha natal.

Por ejemplo, si un hombre llamado Juan Carlos Pau nació el 7 de diciembre de 1965, su número de nacimiento es 4.

El desglose de este procedimiento es el siguiente:

7 + 1 + 2 + 1 + 9 + 6 +5 = 31

Esto se deriva del lugar numérico del mes en el año, que es 12, la fecha numérica en el mes, que es 7, y el desglose numérico del año, que es 1, 9, 6 y 5.

Como 31 es un número compuesto, se separa y se suma:

3 + 1 = 4

Por ende, el número de trayectoria de vida de Juan Carlos en este ejemplo es 4, un número que logra sus objetivos a través de la combinación de su actitud tenaz, sentido común, y amor.

Significado del número 1

El número uno representa la unidad. Estas personas se caracterizan por sus deseos de hacer lo que quieren y de imponer esos deseos a las personas de su entorno. Estas personas son muy hábiles, ya que aparentemente te harán creer que aceptaron tu opinión, pero por detrás van a hacer lo que quieren.

Son personas muy enérgicas y rebeldes, pero en su mayoría son exitosas, independientemente de la profesión que tengan.

Ellos quieren que los logros que obtengan en su vida dejen huellas, y sienten temor al pensar que no alcanzarán reconocimientos a nivel laboral y profesional.

El número 1 representa la capacidad de adaptación y de reacción ante los cambios previstos e imprevistos.

Simboliza el liderazgo y la generosidad en su máxima expresión. Son personas inteligentes y extrovertidas. Tienen una personalidad fuerte y proclives a ser un poco egoístas.

Las personas con este número viven la vida con intensidad, sin limitaciones. No tienen problemas éticos y se comportan en forma apasionada sin preocupaciones.

Estas personas cuando creen en una idea, o causa, la defienden hasta el final. Sus convicciones son tan profundas que están dispuestos a luchar con fuerza con tal de proteger lo que ellos consideran justo.

Son personas decididas, cuando se proponen un objetivo lo alcanzan, aunque se encuentren con millones de obstáculos en su camino. No temen sacrificarse.

Son muy amistosos, tienen un gran sentido del humor. Usualmente son populares y da gusto estar cerca de ellos.

Son sensibles a las ofensas, pero no toman en serio las ofensas que ellos mismos hacen. Si alguien los hiere profundamente, no dudarán en vengarse y se transformarán en individuos crueles.

Su misión en la vida no es solamente cumplir sus propias metas, sino ayudar a que las otras personas también las cumplan. Ellos poseen la capacidad de motivar a los demás.

El reto para las personas con este número es no estar tan enfocados en sí mismos y contaminar con su entusiasmo a quienes los rodean para impulsarlos a actuar.

Son personas muy independientes, y si por ciertas circunstancias de la vida, tienen que depender de alguien más, caerán en depresión.

Su aspiración en la vida es ser independientes, cuando lo logran se enfocan en ser lideres.

No importa en qué área trabajan, el número 1 siempre va a dirigir y dictar las reglas dentro de su área laboral o profesional

Entre los aspectos negativos del número 1 están el narcisismo, egocentrismo y la irritación. En ocasiones corren el riesgo de tener una ambición sin control y de ser altaneros, vanidosos e impertinentes.

Significado del número 2

Las personas que son número 2 dos se caracterizan por ser protectores, nobles y afables.

Les gusta recibir personas en su casa y atenderlas, eso los llena de euforia y gusto. Son generosos y generalmente tienen muchos amigos.

Les gusta planear fiestas y nunca se olvidarán el cumpleaños de los amigos y familiares, y mucho menos de sus aniversario de bodas.

Las personas con el número 2 siempre están vinculadas a actividades comunitarias o afiliados a grupos políticos. Estas actividades satisfacen su necesidad de reconocimiento y además les permite disfrutar al estar rodeados de otras personas.

El 2 es un individuo considerado y dispuesto a ayudar al prójimo. Les gusta sentirse queridos y necesitados.

La infancia de las personas con número 2 es buena. Son capaces de dar amor. También son muy intuitivos con respecto a las emociones de los demás, saben leer el alma de las otras personas. Detestan estar solos.

El típico número 2 siempre tiene la casa llena de amigos y si no puede hacerlo acudirá a largas conversaciones por teléfono con sus amigos y seres queridos.

La vida social y familiar es importante para el número 2. Usualmente se casan muy jóvenes por su deseo de formar una familia, y generalmente tienen muchos hijos, llegando a ser padres excelentes.

Los conflictos lo asustan, porque no tienen un espíritu resistente, ni constante.

Sobresalen en su área profesional pero difícil que alcancen el éxito absoluto les falta constancia. También son un poco haraganes, aunque no lo admitirían, ni siquiera a sí mismos.

Si fracasan, buscan excusas en factores externos, pero nunca hacen un análisis constructivo sobre las particularidades de su personalidad que desencadenaron ese fracaso.

Su aspiración es acaparar la atención de quienes los rodean. Para lograrlo, seducen a su entorno suministrándole lo que cada uno desea. El problema es que prometen más de lo que pueden cumplir.

Pueden llegar a ser padres muy permisivos y criar hijos caprichosos.

Les atraen las caricias, ellos necesitan abrazar, besar a todos los que aman, y les encanta ser besados y abrazados.

Se destacan en los deportes, sobre todo en los grupales.

Tienen conexión con la naturaleza, por eso planifican excursiones con sus familiares y amigos con frecuencia.

Si sus recursos financieros se lo permiten, el 2 tendrá una casa en el campo donde será feliz, en contacto con la naturaleza y los animales.

En el trabajo las personas con este número son aquellas que trabajan con el público y el manejo del personal.

Significado del número 3

El número 3 representa la expansión. Estas personas se caracterizan por su perspicacia para lograr todo lo que anhelan.

Son personas analíticas y estudian con detalles toda la información que llega a sus manos con el objetivo de sacar el mayor provecho de todas las oportunidades.

Son perseverantes con sus metas y harán lo que sea necesario para conseguirlas. Sin embargo, esa fuerza que ponen al principio se va extinguiendo cuando pasa el tiempo y no se concretan sus objetivos. Si esto sucediera cambian de proyecto.

Si ellos desean algo y encuentran un camino que sea más corto hasta donde ellos quieren llegar, lo tomarán, sin importar si ese camino es moralmente correcto.

Muchos no tienen la fuerza de voluntad, y la resistencia para vencer las dificultades que puedan presentárseles en su camino.

Sus sentimientos son volátiles, un día están emocionadísimos, pero al mes pueden perder completamente el interés.

A las personas con el número 3, les fascina empezar siempre de nuevo.

Mientras mantengan el interés por algo, pondrán toda su capacidad mental y sus habilidades, pero no lograrán mantener ese interés por mucho tiempo.

La rutina los cansa y al cambiar de interés se entusiasman nuevamente.

En el amor, les sucede lo mismo. La personalidad 3 es narcisista y les cuesta mantener relaciones estables.

Son seductores, cordiales, carismáticos y amistosos. Si quieren conquistar a alguien, lo lograrán porque la persona no podrá resistirse a sus atractivos métodos de seducción.

Usualmente se enamoran a primera vista y sienten que esa persona que han encontrado es su alma gemela.

Ellos lo sienten así, y al tiempo de comenzar la relación ya estarán pensando en casarse y tener hijos. Lastimosamente, esto no ocurre porque el enamoramiento se esfuma antes de que lleguen al altar.

Son proclives a tener dos personalidades. Por un lado, intentan preservar las apariencias, a mostrarse confiados ante el mundo, y cuidar de su imagen. Por el otro, tienen inseguridad interior y temen que alguien pueda desenmascararlos.

Se dejan llevar por su intuición, si lastiman a alguien, no tendrá problemas una disculpa genuina.

Significado del número 4

El número 4 simboliza la voluntad. Es común que las personas con número 4 confundan tenacidad con terquedad.

Suelen defender sus opiniones frente a los demás y continuarán defendiéndola, aunque las pruebas demuestren que están equivocados.

Les cuesta reconocer cuando se equivocan y casi nunca asumen sus errores.

El 4 se diferencia por su responsabilidad. En el trabajo, son admirables gracias a esta cualidad. Si tienen que terminar un trabajo pueden quedarse sin dormir con tal de tenerlo listo a tiempo.

En el trabajo o en cualquier otra actividad que realicen, el número 4 tendrá asistencia excelente.

No faltará a ninguna de sus obligaciones por ningún motivo, lo único que puede impedírselo sería una enfermedad grave.

En el hogar y con su pareja, los números 4 son personas difíciles porque exagerar las situaciones, y tienden a ahogarse en un vaso de agua. Ellos crean problemas por nimiedades y eso molesta mucho a su círculo familiar.

Estas explosiones de mal humor no duran mucho y el número 4 recupera la calma velozmente y se olvidan del incidente.

Son optimistas y sarcásticos, con una gran rapidez mental y un sentido del humor que divierte mucho a sus amigos.

Son analíticos con respecto al carácter de los demás, y pueden descubrir los defectos que las personas desean ocultar. Es difícil engañar a un número 4 y los que lo intentan son víctimas de su sátira.

Es poco probable que un número 4 asista a una fiesta y pase desapercibido porque su sentido del humor y personalidad extrovertida lo convertirán en el centro de atención.

Entre sus aspectos negativos podemos encontrar que el número 4 suele tener momentos de tristeza, durante los que enfoca negativamente sus energías.

Usualmente dedica esos momentos melancólicos a analizar su vida, pero debido a su estado d ánimo y poco entusiasmo termina insatisfecho consigo mismo y con su vida.

Esos momentos son de soledad y no comenta con nadie sus reflexiones. Le gusta mostrarse como una persona confiada y optimista y ocultar sus inseguridades.

Significado del número 5

En numerología el número 5 se les conoce como los expertos ermitaños.

Las personas con este número piensan que la vida es una aventura emocionante.

Son analíticos y lógicos y les gusta descubrir los misterios de todo lo que sucede en su entorno. La ignorancia y el desconocimiento les molesta.

La inteligencia para ellos es la mejor virtud. Son brillantes y ellos lo saben, por ese motivo son un poco soberbios, curiosos y buscarán aumentar sus conocimientos.

Usualmente son personas melancólicas e introvertidas. Sin embargo, son buenos escuchando a los demás y brindando consejos.

Su meta en la vida es aprender y el dinero es para el número 5 es sólo un medio que les permite viajar o comprar tiempo para poder dedicarse tranquilamente a estudiar los asunto que le interesan. Hacerse ricos no es nunca el objetivo de ellos y sus energías estarán enfocadas hacia algo superior.

No son muy comunicativos, en ocasiones hasta sus amigos más íntimos suelen considerarlos una incógnita. Para un número 5 es importante proteger su privacidad, y mantener una distancia emocional con los demás ya que eso los hace sentir protegidos. A propósito, se aíslan de las personas que forman su núcleo.

Los números 5 son personas intelectuales, pero también pueden dedicarse a la vida religiosa.

Algunos son introvertidos, y disfrutan de la soledad como ningún otro número. Aborrecen sentirse atormentados y les gusta que se respete su privacidad.

Son hogareños y siempre establecen vínculos firmes y duraderos de amistad, pero no tendrán una vida social tan activa.

Poseen una imaginación increíble y capacidad intelectual. Les gusta aprovechar el tiempo porque para ellos la diversión es una forma de perderlo. Si fuera por ellos, dedicarían cada minuto de sus vidas a estudiar.

El número 5 tiene necesidad de afecto y de sentirse querido, pero no saben cómo pedirlo, ni cómo acercarse a las otras personas. Ellos están desconectados de sus emociones, y sus propios sentimientos le son ajenos, como si fuera otra persona la que los está sintiendo.

Suelen ser egoístas con el dinero, pero no significa que ansíen acumular riquezas, sino que prefieren administrar sus recursos para tener tranquilidad y poder dedicar su capacidad intelectual a los asuntos que verdaderamente les interesan.

Cuando alguien ofende a un número 5, no responderá con insultos, ni peleas, pero si la ofensa es grande, el número 5 número retirará el cariño que siente hacia su agresor. Cuando el número 5 pierde el aprecio hacia alguien es para siempre. Son implacables y no perdonan.

Significado del número 6

Las personas con el número 6 muestran hacia el mundo exterior un semblante de paz. Esto es solamente una fachada ya en su interior suelen estar atormentados por problemas existenciales y por sus temores.

Sienten persistentemente una sensación de peligro, que puede existir realmente o ser sólo un producto de su imaginación. Pueden sentir un profundo temor hacia los cambios, las equivocaciones, la soledad y traición.

Ellos padecen de inseguridad y falta de confianza en sí mismos. Creen que no son capaces de enfrentar situaciones de conflicto y eso los aterroriza.

En el ámbito social se comunican bien a pesar de su timidez. Sin embargo, suelen sentirse vigilados y perseguidos, por eso no confían en nadie. Dudan de las intenciones de las personas, y en ocasiones, esa actitud provoca que se aíslen.

Las personas con el número 6 odian las confusiones vinculadas al área sentimental, ellos dicen lo que sienten con claridad y esperan lo mismo de sus parejas. Se esfuerzan demasiado en ser amables y educados.

El número 5 posee una personalidad dual, su mundo interior es totalmente distinto del mundo que muestra al exterior.

El número 6 tiene dificultades para conocerse a sí mismo, son inestables y pasarán del optimismo exagerado a un pesimismo dramático, no saben cómo encontrar el equilibrio.

En sus relaciones fluctúan de un extremo al otro, si conocen a alguien que les agrada, enseguida lo consideran el mejor amigo del mundo. No obstante, al tiempo se desilusionan y alejan de esa persona.

Durante la niñez las personas con el número 6 han sentido temor hacia las personas con autoridad, la mayoría fueron criados por personas posesivas que amplificaron en el número 6 esa inseguridad.

Cuando son adultos tratan de contrarrestar esa sensación de inseguridad, relacionándose sentimentalmente con una persona que los pueda hacer sentir emocionalmente protegidos.

Al momento de tomar una decisión, el número 6 es renuente a dar su opinión o a decidir sobre cualquier tema. Si lo obligan a dar su opinión difícilmente demostrará lo que realmente siente a menos que esté con personas de su confianza.

En el trabajo son enérgicos y eficientes. Tienen capacidad de concentración.

Pueden ascender y ocupar cargos importantes porque son detallistas y perseverantes.

Tienen capacidad para trabajar en equipo y seguir órdenes sin problemas.

Son personas consideradas con sus familiares y demuestran con facilidad su cariño.

Significado del número 7

Se considera que el número 7 es el número más espiritual. Estas personas poseen una enorme capacidad intuitiva.

Lo que los atormenta es la sensación de no estar aprovechando la vida. Necesita vivir permanentemente nuevas experiencias, mediante las cuales pueda aprender e incorporar conocimientos. Les encanta a viajar, conocer otras culturas, aprender nuevos idiomas y hará lo posible por satisfacer sus deseos de aventura.

Generalmente, las personas con el número 7 han tenido una infancia en la que fueron estimulados intelectualmente, aprendieron a pensar por sí mismos y tienen un criterio muy acertado.

Le gusta relacionarse con las personas y establecer lazos permanentes. La amistad para el número 7 es un tema serio, tiene pocos amigos, pero mantiene sus amistad de por vida.

Son solidarios y compasivos. Son empáticos y se ponen en el lugar del otro. Generalmente, están involucrados en alguna actividad caritativa.

No es fácil engañar a un número 7 debidos a su intuición detectan sin dificultad la maldad, falsedad y las malas intenciones. Eligen bien a las personas de su círculo íntimo, les gustan las personas altruistas y se alejan de las personas insensibles y egoístas. Esta actitud les ha hecho ganar la fama de ser soberbios.

Les gusta el equilibrio entre su vida social y el tiempo en el que pueden estar solos para reflexionar sobre sus circunstancias.

El número 7 es utópico, comienzan actividades que nunca terminan o hacen planes que nunca concretan. Como resultado, probablemente sufran de pesimismo.

Se guían por su intuición. Son extrovertidos y divertidos. La soledad nunca le sentará bien al número 7 y provoca cambios en su temperamento.

Todos los números 7 se caracterizan por ser estudiosos e introspectivos. Les gusta analizar el conocimiento y adoptar nuevas perspectivas sobre los temas que descubren.

Les apasionan los debates intelectuales, donde puedan defender sus puntos de vista y a la misma vez escuchar las opiniones ajenas.

Durante su infancia, el número 7 fue educado para saber cómo superar temores utilizando su imaginación. Es frecuente que personas con este número no hayan tenido una buena relación con sus padres y se hayan rebelado contra la autoridad paternal. Cuando quieren, pueden ser completamente encantadores y ganarse la simpatía de cualquiera.

Significado del número 8

Las personas con el número 8 se caracterizan por ser muy sensibles. Debido a esa sensibilidad son impresionables. Deben ser tratados con delicadeza ya que se les puede herir fácilmente.

En el área social brillan debido a su simpatía, carisma y rapidez mental. Atraen por sus modales y educación.

Son personas un poco duras al juzgar a los demás. Tienden a ser comprensivos con sus errores, pero rígidos y exigentes con los errores de los demás.

No aceptan que nadie les señale sus equivocaciones, y difícilmente dejen pasar las equivocaciones de los demás. La indulgencia es legítima solamente para ellos mismos. Pueden llegar a ser un poco crueles.

El número 8 generalmente posee un concepto muy elevado de sí mismo y lo demuestra a través de comentarios sarcásticos.

En el trabajo no son buenos para trabajar en equipo, son rebeldes y generan muchos conflictos. Son proclives a la autocompasión y a pensar que son los más infelices y desventurados del planeta.

Anímicamente son muy inconsistentes, un día pueden estar muy interesados por algo o por alguien, y al día siguiente pueden perder completamente su interés. En el amor pueden mostrarse muy cariñosos un momento, y al instante ser totalmente indiferentes.

Les gusta que sus deseos se cumplan y para lograrlo utilizan la palabra ya que son excelentes oradores y convencen a cualquiera con facilidad.

Su comportamiento varía según su conveniencia. Son rebeldes sin causa, y no les gusta cumplir órdenes. Sin embargo, si les conviene se comportarán como las personas más dóciles del mundo.

Aman el dinero, el número 8 vive holgadamente, sin problemas económicos. Son ahorrativos, y buenos administradores.

Si alguien los hiere, lo cual es fácil, se convierten en vengativos y no paran hasta que sientan que le han pagado con la misma moneda. No obstante, con las personas de su confianza son sensibles y siempre están dispuestos a ayudar a sus seres queridos.

Los números 8 no son personas melancólicas y mucho menos reflexivas. Les gusta disfrutar de los placeres de la vida sin plantearse ningún problemas filosófico, o existencial. Usualmente poseen un carácter alegre a la hora de relacionase con los demás.

Significado del número 9

Las personas con el número 9 son mentalmente independientes y sufren si se sienten coaccionados.

Su personalidad es super optimista, se las ingenian para encontrarle un lado positivo a todo, independientemente del dramatismo de cualquier situación.

Son directos y honradas, y si tienen personal a su cargo, toman decisiones imparciales. Por esa característica se ganan rápidamente la estimación de sus subordinados.

Detestan la traición, si traicionaran a alguien nunca se lo perdonarían. Son personas que saben cómo decir las cosas para no herir a nadie. Socialmente, se distinguen por sus brillantes respuestas.

Son observadores y detallistas. Saben en quién confiar y en quién no, aunque nunca tratarán mal a nadie.

Nunca están de mal humor, su carácter es alegre y por eso todos quieren estar a su lado.

El pecado del número 9 es la pereza. No son activos, les gusta dormir y descansar sin hacer nada. No son desconfiados y se dejan influir con facilidad por los demás.

No tienen sus objetivos muy claros y por eso se dejan llevar por las ideas de los demás. En ocasiones son irresponsable, se dejan llevar por las emociones y no piensan en las consecuencias.

Generalmente tienen suerte, pero por negligentes dejan pasar oportunidades que otros números aprovecharían al instante.

Les temen a las dificultades, huyen de ellas cuando se presentar y no tiene capacidad para resistir situaciones complicadas.

En el amor el número 9 puede tiende a exagerar los sentimientos, pero es apasionado.

El pesimismo de las personas que lo rodean no los afecta ya que su optimismo resiste cualquier situación. No son rencorosos, rápidamente se olvidan de las ofensas. Tienen un corazón y un alma noble.

Son generosos y siempre están deseosos de justificar los defectos ajenos, no son exigentes con los demás.

Muchas veces renuncian a sus propios deseos para adaptarse a las expectativas que tienen sobre él los demás. No son luchadores, por lo que tienden a rendirse fácilmente.

Cómo Calcular tu Número del Destino o Expresión

Tu número del Destino o Expresión se calcula basándose en tu nombre y apellidos. Este número muestra tus talentos dones, y debilidades.

Se calcula con tu nombre completo, si tienes dos nombres tienes que usarlos, y tienes que evitar las abreviaturas. Debes asignarle un número a cada letra de tu nombre utilizando la siguiente tabla:

1 – A, J, S

2 – B, K, T

3 – C, L, U

4 – D, M, V

5 – E, N, W

6 – F, O, X

7 – G, P, Y

8 – H, Q, Z

9 – I, R

Nota: Para las siguientes letras: "CH" utiliza C = 3 y H = 8. "LL" como dos L, o sea, 3-3 y la "Ñ" es 5, como la N

Una vez que hayas identificado los números que le corresponden a cada letra de tu nombre, debes sumarlos y reducirlos a una sola cifra.

Recuerda que tienes que incluir los apellidos. Los únicos números que no puedes reducir son el 11 y 22, porque son números maestros.

Después que hayas convertido tu nombre y apellidos a una sola cifra, debes sumarlos y reducirlos a un solo digito. Ese será tu número de expresión.

Para nuestro amigo Juan Carlos Pau, seria de la siguiente forma:

1+3+1+5+3+1+9+3+6+1+7+1+3 = 44

27 *es un número compuesto y debe simplificarse:*

4 + 4 = 8

El número de expresión de Juan Carlos Pau es 8.

Significados de los Números de Destino o Expresión

Número de Expresión o Destino 1

Eres independiente, y apasionado. Tienes la facultad de influir en las emociones de las personas de tu entorno. Eres el número uno, por consiguiente, eres un líder por excelencia ya que posees un aura magnética de autoridad. Los que posean este número de expresión a veces son vanidosos y presumidos, su identidad es intensa, y cuando los demás no son afines con sus intereses o no están a la altura de sus expectativas se hunden en la pesimismo y la melancolía.

Número de Expresión o Destino 2

Son descuidados, negligentes, y apáticos. Poseen un instinto natural agudo. Son generosos y las palabras groseras los molestan. Se ponen irritables y alterados cuando enfrentan un conflicto. Son sociables, y aman a sus amistades.

Número de Expresión o Destino 3

Son soñadores espirituales, generosos, expresivos, y entusiastas. Tienen la habilidad de influir en las personas de su entorno. Son amistosos, tienen una inteligencia y capacidad excelentes para expresarse, y enfrentan los conflictos con valentía y con creatividad.

Número de Expresión o Destino 4

Estas personas son organizadas y resuelven los conflictos metódicamente. Aman la música y el arte. Disfrutan cuando están en una relación, para ellos el amor es lo más sublime del universo. Puedes confiar en ellos con los ojos cerrados, pero en ocasiones son muy testarudos e implacables.

Número de expresión o Destino 5

Estas personas adoran la transformación, disfrutan siendo independientes, y siempre buscan nuevas experiencias y desafíos. Aprovechan las circunstancias y disfrutan la vida en su totalidad. A veces son negligentes y se equivocan, pero como son tan habilidosos se salen de los desafíos rápidamente.

Número de Expresión o Destino 6

Son personas son encantadoras, amables, simpáticas, y empáticas. Algunas veces tienden a preocuparse más por los demás que por ellos mismos. Son honestos y legales. Son personas muy justas. Poseen la capacidad de sanar y son creativos.

Número de Expresión o Destino 7

Son personas son inteligentes, ingeniosas, perspicaces, y con un gran entusiasmo por la vida que los lleva a indagar en todas las áreas conocidas y desconocidas. Son discretos con sus pensamientos, e inclinaciones. Algunos son escépticos, y solitarios.

Número de Expresión o Destino 8

Estas personas poseen un potencial increíble. Cuando ellos se proponen un objetivo lo cumplen, ya que son agresivos con sus aspiraciones. La abundancia, el bienestar, la felicidad y fortuna están presentes siempre e la vida de estas personas.

Número de expresión o Destino 9

Las personas con este número tienen un enfoque, y humanidad sorprendentes. Sus intereses y perspectivas siempre están encaminados en producir cambios que beneficien al mundo en general. A ellos no les gusta juzgar porque piensan que todas las almas tienen una chispa de bondad y amor en su interior.

Números Maestros de Expresión o Destino

Número de Expresión o Destino 11

Las personas con este número son almas viejas que han vivido infinidad de encarnaciones. Ellos se apasionan por todo lo que hacen. Son sensibles al entorno, por eso deben protegerse de magia negra o de las energías negativas.

Número de Expresión o Destino 22

Sus capacidades lo hacen digno de confianza. Este número representa a aquellas personas que entienden que venimos este planeta a evolucionar. Se frustran con facilidad ante las carencias de valores de los seres humanos.

Número de expresión o Destino 33

Son personas estrictas, pero afectuosas. Ellos son lideres desde que nacen. Tienen un aura magnética que puedes sentir cundo estas en su presencia. Pueden asumir grandes proyectos, sin importar lo difícil que sean. Siempre están dispuestos a ayudar a quien lo necesite, evitan los conflictos y aman la paz. No les gusta mezclarse con personas agresivas porque su personalidad es pacífica. Poseen capacidad de persuasión.

Números de Deudas Kármicas

Los números de deudas kármicas contienen una alta concentración de eventos kármicos del pasado, y estos resultados todavía se sienten en estas vidas. Es conveniente conocer cómo estas personas se perjudican con estos números, y cómo pueden vencer estos desafíos. Estos números pueden dañar las vibraciones ya que el desecho espiritual y kármico que contienen se expresan de forma única.

Los números de deudas kármicas son 13, 14, 16 y 19 *y siempre que aparezcan en los resultados antes de simplificar una cantidad final se debe prestar mucha atención por los efectos nocivos que ellos pueden causar.*

Las personas con números de deudas kármicas son personas bendecidas y elegidas, ya que cuando superan estos desafíos evolucionan de forma diferente, adquieren poderes espirituales y eso los diferencia de los demás.

Número de Deuda Kármica 13

Estas personas no deben desilusionarse ya que los frustraciones, decepciones, quebrantos son las bases de su aprendizaje.

Las personas con el número de deuda kármica 13 se enfrentan a muchos obstáculos e innumerables fracasos como consecuencia de sus acciones egocéntricas del pasado pasada.

Para triunfar el número de deuda kármica 13 debe ser perseverante, luchar por sus sueños, tener disciplina y nunca ir por caminos poco éticos para obtener el triunfo.

Número de Deuda Kármica 14

*Las personas con **número de deuda kármica 14** se pasan la mayor partes de sus vidas en crisis, estas crisis los deprimen, pero ellos pueden superarlas si usan su fuerza mental.*

Estas personas atraen muchos desafíos. Ellos en otras vidas utilizaron erróneamente su poder y libertad, por eso en esta vida se encuentran en el lodo del sexo, las drogas, y el alcohol. Son proclives a entregarse a los vicios y abusar de su libre albedrio negativamente. Si ellos ejercen control y son disciplinados podrán alcanzar sus metas. Deben organizarse y comprometerse para obtener lo que desean.

Número de Deuda Kármica 16

Estas personas persiguen cosas que no están destinadas para ellos y periodo en mucho tiempo en eso. Cuando fracasan se sienten miserables porque estos objetivos no fueron una pérdida de tiempo y una lucha sin ningún sentido. Las personas número de deuda kármica 16 a través están encadenadas a delirios e ilusiones. Deben utilizar estos desafíos como puntos de metamorfosis. Ellos deben calmar sus mentes intranquilas y preocupadas, salir de su mundo de ilusiones y tratar de ser humildes.

Número de Deuda Kármica 19

Estas personas se enfrentarán a múltiples separaciones. Esto podría ser en sus círculos de amistades, seres queridos o separaciones de sus metas. Estas personas deben tratar de no aislarse.

*Las personas con **número de deuda kármica 19** están obligadas a ser independientes desde la infancia, esta independencia los hace creer que ser independientes es una exigencia. Ellos de adultos se esfuerzan por estar solos y rechazan cualquier ayuda.*

El fenómeno de ver números repetidos.

Es una realidad que estamos rodeados de números, y en contacto con ellos cada segundo, pero existen ocasiones donde sentimos que hay ciertos números que nos persiguen, donde quiera que miremos los vemos repetidos: en los relojes, las computadoras, las matrículas de los carros, la televisión, recibos de compras y hasta en sueños. Y es que no existen las casualidades, existe la sincronicidad, y a este fenómeno se le llama sincronicidad numérica.

Quizás en el pasado esto era una rareza, pero cada día son más las personas que atestiguan que les sucede este fenómeno, y muchas se cuestionan los modelos establecidos para tratar de buscar una respuesta válida para ellos.

Los especialistas en el tema autentican que este misterio junto con una conciencia global más alta está creando nuevas sensaciones, causando que muchas personas evolucionen espiritualmente. Esta manifestación de ver los números reiteradamente también se puede catalogar como una señal. Casi todos tenemos números que consideramos de suerte o que son los preferidos y puede suceder que de pronto veamos este número en todas partes. Al recibir este tipo de mensaje, la mayoría de las veces oculto a nuestros propios ojos, pero no para nuestra mente, se constata que tenemos la capacidad de percibir otras realidades.

Desde la antigüedad hasta los tiempos modernos, la ciencia sagrada de la numerología ha mantenido su notabilidad. Los números enseñan oportunidades de crecimiento, enseñanzas de vida e instrucción dentro de cada experiencia.

Algunas personas ven secuencias numéricas de sucesos particulares significativos. Pero los patrones numéricos más comunes son el 11:11, 222 y 333. Todos estos números, según la astrología y la numerología, son números maestros con un significado exclusivo, representan diferentes aspectos del ser interior, desde la personalidad hasta la espiritualidad, estas cifras influyen más que otras y por eso cautivan nuestra atención.

11:11 – Observa cuidadosamente tus pensamientos, y asegúrate de pensar solamente en lo que deseas, no en lo que no deseas. Esta secuencia es una señal de que hay una oportunidad abriéndose, y tus pensamientos se están materializando muy rápidamente.

222 – Nuestras ideas recién plantadas están comenzando a hacerse realidad. Sigue nutriéndolas y pronto se manifestarán. En otras palabras, no te rindas cinco minutos antes de que ocurra el milagro.

333 – Los maestros ascendidos se encuentran cerca de ti, deseando que sepas que cuentas con su ayuda, amor y compañía. Llama a los maestros ascendidos a menudo, especialmente cuando veas patrones con el número 3 formándose a tu alrededor.

Estas cifras incrementan la conciencia y la percepción porque nos ofrecen un canal hacia el subconsciente.

Este fenómeno sucede imprevistamente, pero en el momento exacto y se produce por una razón, cambiando en ocasiones la dirección de nuestras vidas e influyendo en nuestros pensamientos. Cuando el universo tiene un mensaje para nosotros, esta es una de las formas de llamar nuestra atención. Debemos mantenernos receptivos al mundo que nos rodea porque los números son el lenguaje de la naturaleza y todo lo que nos rodea se puede representar mediante números.

"Todo en el Universo es matemáticamente preciso y cada número tiene su propia energía, vibración y significado. La colocación de números en una secuencia tiene un significado especial." Pitágoras

Numerología para los Bebés que Nazcan en el Año 2024

Bebes Número 1

Serán un niño con capacidades de liderazgo. Tendrá una capacidad innata para negociar, controlar y administrar personas y proyectos.

Bebes Número 2

Serán niños calculadores y poderosos. Tendrá una actitud positiva ante los retos de la vida, y mucha confianza en sí mismos.

Bebes Número 3

Serán niños muy equitativos, razonables y serenos Estos niños siempre defenderán las causas justas. Serán muy perceptivos y tendrán un estado de conciencia elevado.

Bebes Número 4

Serán niños que siempre estarán buscando los desafíos, no les tendrá miedo a los obstáculos porque estos contratiempos los harán más fuertes.

Bebes Número 5

Serán niños con habilidades financieras, no serán materialistas. Tendrán una capacidad excelente para administrar dinero y actividades comerciales. Pueden tener capacidad para las matemáticas.

Bebes Número 6

Serán niños que lucharán por mantener el equilibrio entre el mundo material y espiritual. Siempre tratarán de mantener la armonía entre su trabajo, su vida social y personal.

Bebes Número 7

Serán niños responsables y dadivosos. Estos niños serán inteligentes, les gustará ayudar a los demás. También serán muy espirituales.

Bebes Número 8

Estos niños serán muy estables y con mucho autocontrol. Serán organizados, estables y muy prósperos.

Bebes Número 9

Serán niños con mucha fuerza de voluntad. Muy trabajadores y cumplidores de sus metas. Serán independientes y con un poder de determinación increíble.

Definición del Año personal

*Probablemente cada vez que comienza un año te
haces preguntas y escribes metas sin saber cuáles son
los desafíos que el nuevo año tiene para ti.*

*Cuando comienza un año, se cierra un capítulo en
nuestras vidas, pero comienza un ciclo que nos
desafía porque no tenemos seguridad si todos nuestros
sueños podrán convertirse en realidad.*

*¿Qué me espera en el año nuevo? ¿Me compraré una
casa, tendré una nueva pareja, me cambiaré de
trabajo? ¿Es este el año apropiado para tener hijos?*

*Es importante tener una mentalidad abierta cuando
tenemos tanta incertidumbre ante las cosas que son
nuevas o diferentes. Pero con la numerología tenemos
la oportunidad de utilizar nuestro año personal y
tener una idea de cómo pueden ser las cosas.*

*Los Números de los Años Universales se diferencian
de los demás, porque no dependen de tu nombre y
fecha de nacimiento. Los dos primeros dígitos del
Número del Año representan el equilibrio de ese siglo.
El tercer número del año simboliza el ritmo de la
década. El cuarto dígito no tiene concretamente
ningún significado.*

Como calcular tu Año Personal.

Este es un ejemplo:

Juan Carlos nació el 7 de diciembre de 1965.

Para conocer su año personal 2024 hacemos este cálculo:

7 (día de nacimiento) + 1+2 (mes de nacimiento) + 2 + 0 + 2 + 4(año que comienza) = 18 (1 + 8) = 9

Para Juan Carlos, el año 2024 es un Año Personal 9.

Este número es importante, específicamente si el resultado es uno de los números maestros:11, 22, 33.

El año personal describe lo que tienes que hacer durante ese periodo. Serán, opciones, cambios o refuerzos que van a enriquecer tu camino.

Año Personal 1

Palabras clave para el Año 1*: Transformación, Investigación, Compromiso.*

Comienza un nuevo capítulo en tu vida. Es probable que te mudes, que consigas un nuevo trabajo o que conozcas a nuevas personas que cambiarán tu vida para siempre.

Esta año vas a establecer las bases para nuevos proyectos e ideas. Es una etapa donde vas a renacer. Debes considerar este año como el momento perfecto para cambiar diferentes aspecto de tu vida, hay cosa que ya no te funcionan y tienes que soltarlas.

Esta año te ofrece la invitación a te lenes de coraje y trates de cumplir tus sueños, realmente vas a tener entusiasmo para hacer los cambios. Llénate de valor y explora nuevas oportunidades y actitudes que te ayuden a cambiar el enfoque de tu vida.

Este año 2024 es una invitación personal a que confíes, reflexiona sobre lo que deseas, elige con objetividad, y decide en que quieres triunfar. Trata de escoger lo que realmente te hace feliz.

Comienza por catalogar las cosas que deseas cambiar, incluye mejoras en tu vida cotidiana, como cambio de hábitos en tu alimentación o hacer ejercicios. Recuerda que para comenzar algo debes planificarlo con coherencia y determinación.

Este año es la oportunidad perfecta para cerrar un ciclo, debes dejar atrás todo lo que no te aporta utilidad. Concéntrate en lo que te ayude a crecer, desarrollarte o aprender. No temas desprenderte de lo que fue útil en el pasado.

Es necesario que te olvides del pasado y mires hacia el futuro. Demasiadas cosas han pasado que han podido confundir su mente, esas cosas te impiden acceder a los caminos que llevan a la felicidad.

Si tienes negocios y proyectos esfuérzate porque continúen creciendo sin forzar las cosas. Trata de que todo tenga un ritmo.

Trata de no adquirir nuevas deudas.

La vida te recompensará.

Año Personal 2

Palabras Clave para el Año 2: *Responsabilidad, Armonía, Estabilidad.*

Este año debes continuar edificando. El año 2024 te permitirá conocer tutores, maestros, o incluso una pareja. Las energías del año se enfocan en la cooperación y paciencia.

Comienzas una fase de desarrollo y debes poner en práctica tú iniciativas. Este año 2 puede parecer lento, pero es un periodo de definición de tus objetivos.

Probablemente encontrarás obstáculos o personas que intenten limitar tu camino, por eso es importante que no te abrumes y te pongas ansiosos. No debes preocuparte por las cosas que están obstaculizando tus iniciativas, es sólo el asentamiento natural, y es parte de tu proceso de crecimiento.

Debes aprender a ser más diplomático y, tacto. Pueden aparecer personas dispuestas a distraerte, pero eso no debe limitarte de tener nuevas amistades.

Si cuando hiciste el cálculo la suma fue 11 significa que llego tu momento de respirar, de evolucionar y de tomar conciencia.

Te llegó el año de recibir bendiciones. Trata de desprenderte de todas las personas tóxicas si deseas tener un año próspero, no confíes en nadie.

El año 2024 te ofrece la oportunidad de dejar tus preocupaciones pasadas y encargarte de tu vida con más entusiasmo.

La vida te va a presentar planes completamente nuevos y te dará la oportunidad de construir tu futuro si dejas el pasado atrás. Es el año de pensar en ti, romper límites y no autosabotearte.

Debes tener coraje y enfrentar la vida desde un enfoque positivo.

Año Personal 3

Palabras clave para el Año 3*: Agilidad, Creatividad, Información.*

Este es el año para que busques formas de compartir tu sabiduría al mundo. Te vas a sentir parte de un todo mayor y tendrás mucha satisfacción y plenitud.

Tienes que deshacerte de las sensaciones de restricciones que has acumulado. La única forma de obtener resultados este año es que permitas que tu creatividad se exprese. Deja atrás la rigidez, que tu imaginación sea libre. Debes caminar la milla extra.

Busca un pasatiempo nuevo, cambia tus hábitos, comienza a implementar nuevas ideas y soluciones a los retos que se te presenten en el camino.

Tendrás que trabajar muy duro, pero tienes la oportunidad para fortalecer tus vínculos individuales, y formar relaciones más formales. Estos vínculos se pondrán a prueba, ciertas relaciones no te convienen. Quizás te dan mucha diversión pero que tienen una parte oscura. Trata de establecer metas comunes con las personas que quieres.

Durante este año debes ser más consciente con tu nutrición, y descansar ya que tus niveles de energías estarán bajos.

Año Personal 4

Palabras clave para el Año 4: *Renovación Restauración, Innovación, Asertividad.*

Este año tienes que esforzarte y ser organizado. Si logras permanecer en el presente puedes llegar a donde tu deseas.

Ahora es el momento para que reflexiones y analices d sobre tus metas personales. Tienes que establecer un plan para que puedas lograr algo específico y bien estructurado.

Trata de pensar en tu futuro, trata de asumir todas las responsabilidades y organizar todos tus proyectos con cuidadosamente. Quizás estes un poco autocritico y esto puede traer como consecuencia que establezcas tus puntos de vista fuertemente, que estes más decidido y luchador. Esto es positivo ya que te permitirá notar todos los cambios que se produzcan en tu entorno.

Irremediablemente todo lo anterior tendrá un efecto positivo en tus relaciones familiares y en tus amistades cercanas. serás más asertivo y esto tendrá un impacto positivo en tus relaciones personales.

Si te organizas este será un año de prosperidad, abundancia y triunfos. Confía en ti porque vas a poder recuperar tu entusiasmo y vivir con ilusión.

La inercia es tu peor enemigo este año, así como los pensamientos negativos. El destino te ofrece la oportunidad de alcanzar todo lo anhelas, atrévete luchar por esos sueños.

Año Personal 5

Palabras clave para el Año 5*: Carácter, Voluntad, Esfuerzo, Coraje, Ratificación, Reconocimiento, Visualización.*

Un año donde disfrutaras de muchas aventuras, emociones y donde tendrás la oportunidad de plantar semillas con intención de triunfar.

El Año 5 para ti es como una inyección de entusiasmo, planifícate porque es un ano de muchos cambios. Debes estar preparado para algunas circunstancias e imprevistas. Trata de ser receptivo a todas las oportunidades y también a todos los desafíos.

Debes tener claridad mental, ser precavido y nunca subestimar tu potencial.

Trata de ampliar tu círculo de amistades, mantén saludable tu imagen pública, y presta mucha atención a los contratos que tengas que firmar.

Cuídate a ti mismo, porque de esta forma tendrás el éxito que mereces. Establece hábitos que te permitan asegurar tu prosperidad para los próximos años. Calcula los riesgos, y decide sobre cuáles son las oportunidades perfectas cuando se te presenten.

No te precipites y actúa con cabeza, siempre pensando en lo mejor para ti en el largo plazo. Olvídate de resultados inmediatos y acepta que las cosas llevan su tiempo y no siempre puedes esperar que sucedan cuando tú quieres.

Año Personal 6

Palabras Clave para el Año 6: *Reorganizar, Renacer Reformar, Sustituir, Manifestar, Difundir, Trasmitir Informar, Participar.*

Esta año 2024 te ofrece la oportunidad de curar heridas sentimentales y de liberarte de todas las emociones reprimidas que duermen en tu subconsciente.

Estarás muy enfocado en tu hogar y familia. centra en la familia, el hogar y la responsabilidad. Es el momento perfecto para crear un ambiente más estable y armónico en tu entorno.

Es clave que este año aprendas a compartir todo lo que has recibido en abundancia. También es necesario que evites acciones impulsivas para que no cometas errores.

Actua siempre con ética, trata de mantener la calma y confía en tus decisiones. Vas a ver resultados increíbles y todo será gracias a tu valentía. Todo lo que estaba paralizado comenzará a fluir de repente y te sentirás liberado. Quizás en algunos periodos notarás inestabilidad, pero esto es necesario para que rompas la rutina.
Tendrás oportunidades de viajar, disfruta y controla los excesos de cualquier tipo.

Año Personal 7

Palabras claves para el Año 7: *Investigación, Observación, Verificación, Control, Transformaciones, Metamorfosis.*

Durante este año tendrás muchos cambios. Estos cambios pueden estar relacionados con tus amistades, las relaciones sentimentales, trabajo, y hogar. Existe la posibilidad que conozcas a alguien importante que te ayude a avanzar en tu profesión o quizás te comprometas.

Este es un año "paréntesis "ya que te detendrás a valorar todo lo que has hecho. Tienes que soltar todo lo que no esa funcionando sean objetos o relaciones. Para esto debes perfeccionar tu capacidad de análisis y no tener miedo de tranquilamente hacer una revisión profunda de lo que te limita.

Debido a estos procesos de purificación, tus relaciones serán debatidas. A través de la comparación elimina los errores y equivocaciones.

Te sentirás atraído por temas esotéricos, pero crecerás espiritualmente. No olvides que cada cual viene con un contrato diferente al tuyo a esta vida y que no debes juzgar el camino de los demás. Toda persona esta donde debe estar.

Año Personal 8

Palabras Clave para el Año 8: *Éxito, Evolución, Restauración, Transformación, Rehabilitación, Reconstrucción, Prosperidad.*

Mucha abundancia y éxito en tu camino. Te sentirás bendecido por todas las oportunidades que llegarán a tu vida. Este año personal está relacionado al l karma, así que, si actuaste bien, te esperan dividendos. Sera un ano importante donde estarás muy ocupado.

Este año debes poner cada pieza en su lugar. Es el momento de tomar decisiones, reflexionar, y escoger que y quien deseas para tu vida.

Te sentirá más seguro y tendrás más capacidad mental para enfrentar los desafíos. Debes arriesgarte, y comenzar estudios que te ayuden a avanzar en tú profesión.
Querrás disfrutar momentos de soledad, acompañado por tus pensamientos, muy lejos del bullicio de las redes sociales. Debes practicar la meditación combinada con técnicas de respiración.
No le des tanta importancia a asuntos superfluas, y apersonas toxicas.

Año Personal 9

Palabras Clave para el Año 9*: Vencer, Terminar,
Concluir, Cumplir, Sentir Percibir, Instruirse
Formarse Estudiar, Experimentar, Profundizar.*

*Este año será difícil si te resistes a los cambios. Es un
año de finales. Bota lo que no sirve y aléjate de los
vampiros energéticos.*

*Rodéate de personas que te aporten conocimientos y
buena energías. Protégete de la magia negra.
Organiza tu casa, bota lo que no uses, las cosas rotas,
porque de esta forma estarás haciendo espacio para
lo nuevo.*

*Debes decidir que realmente quieres hacer en tu vida,
el destino te gritara en tus oídos que deseas realmente
y si estás dispuesto a luchar por ello.*

*El compromiso este año es contigo mismo, tienes que
renunciar a tus miedos e inseguridades porque
durante este periodo debes estar atento y no quejarte
tanto.*

Tu Número del Alma. Como Calcularlo

Tu número del alma manifiesta tus deseos, satisfacciones, aficiones, inquietudes, preocupaciones y malestares.

El alma es la parte espiritual que tenemos todas las personas. Junto con la mente y el cuerpo, el alma compone al ser humano. En la numerología, el alma se relaciona con un número denominado: número del alma.

Este número procede de las vocales del nombre de nacimiento, y representa a él yo interior

Si deseas calcular tu número del alma, debes identificar las vocales de tu nombre completo. No olvides incluir los segundos nombres.

Debes utilizar las vocales A, E, I, O U. Si por casualidad tu nombre tiene una Y, ya que la Y realiza la función de vocal debes utilizarla. Como ejemplos están los nombres: Daryl, Dylan, Henrry y Taylor

El valor numérico de cada vocal es el siguiente:
A = 1
E = 5
I = 9
O = 6
U = 3
Y = 7

Cuando logres identificar el número de cada vocal de tu nombre completo, el próximo paso es sumarlos todos y reducirlos a una sola cifra, exceptuando los números 11 o 22, que son números maestros.

Significado del Número del Alma

Número 1:
Almas independientes que pueden cuidarse bien, tienen una visión clara de las metas y propósitos de vida.

Número 2:
Cariñosas, artísticas, tranquilas, pacíficas y educadas, así son las almas número 2. Además, tienen una gran imaginación y creatividad.

Número 3:
Es fuerte, determinada valiente, compasiva, entusiasta y muy optimista. Constantemente, piensan en el futuro.

Número 4:
Están obsesionadas con el orden, la estabilidad y el control. Suelen sentirse frustradas cuando las cosas no salen de acuerdo con el plan.

Número 5:

 Son almas libres, viajeras que les agrada conocer gente nueva. Los desafíos les emocionan por lo que se le considera un alma líder.

Número 6:

El amor es su alma más poderosa, por lo que suelen priorizar los intereses de los demás que los suyos. Son muy equilibrados y llenos de armonía.

Número 7:

Se la viven en un constante análisis mental de lo que desean del mundo y la vida en general. Son artistas muy talentosos y nada ambiciosos.

Número 8:

 Son almas líderes o figuras en la sociedad, aspiran a ser ricos y tener poder y un alto estatus. Su ambición los convierte en los mejores en lo que hacen.
Número 9: Es el alma más desinteresada y soñadora. Es carismática, comprensiva, y hacen del mundo un lugar mejor.

Número 11:

Son creativas, artísticas y carismáticas. Poseen un lado psíquico debido que es una de las almas más sensibles.

***Número 22**:*
Es un alma muy relacionada con el 4 (2+2=4), pero añade las características de la honestidad, bondad y atención al detalle.

Como Calcular el Número Personal de tu Casa

El número de tu casa te ofrece los secretos para que tomes ventaja de sus vibraciones energéticas. El hogar es nuestro santuario, allí viven nuestros sueños, nuestra familia, y nuestras ideas. Todas esas cosas son nuestros tesoros, por eso debemos cuidar el flujo energético que nos rodea, específicamente dentro de nuestro hogar.

La decoración, los colores con pintamos nuestra casa influyen en la armonía, pero no son los únicos que debemos tener en cuenta. La dirección de tu casa te ofrece información predictiva de acuerdo con la numerología.

Pasos para Calcular el Número Personal de tu Casa

Para conocer el número personal de tu casa tienes que sumar todos los números que componen tu dirección hasta que tengas un solo dígito.

Ejemplo*: Si tu vives en el número 2550, debes sumar*
2+5+5+0= 12
1+2= 3

Si tu dirección tiene letras incluidas tienes que buscar en la tabla alfabética y cambiar esas letras por números.

1 (A, J, S)
2 (B, K, T)
3 (C, L, U)
4 (D, M, V)
5 (E, N, W)
6 (F, O, X)
7 (G, P, Y)
8 (H, Q, Z)
9 (I, R)

Si tu vivieras en un edificio con el número 2550, en el apartamento 8F, tienes que sumar todos los números y las letras.

*Ejemplo: **2+5+5+0+8+6 (6 es la letra F) = 26** *
2+6=8.

El 8 será el número que le corresponde a esta casa. Recuerda que si había letras en la dirección seria otro número porque tuvieras que adicionar esos valores numéricos al anterior.

Significa el número de tu Casa

Número 1

Tienes que estar muy atento a el tipo de energías que entras a tu casa porque las personas que te visitan dejan malas energías en el interior de tu hogar. Con los vecinos debes ser cuidadoso porque son muy envidiosos, están curioseando quien entra y sale de tu casa y esos malos ojos crean un desbalance energético.

Número 2

Indica que la felicidad de tu casa no radica en que sea lujosa, sino en la armonía que seas capaz de mantener en sui interior. Esta casa hará que te olvides del caos que existe en el mundo. La forma de comunicarse, las palabras que se dicen son importantes ya que las casas son contenedores de energías. Todo se queda grabado en sus paredes. Existe la posibilidad de accidentes en su interior.

Número 3

*Este número de casa significa entusiasmo, optimismo, felicidad. En estas casas la energía está en constante movimiento. En esta casa podrás alcanzar tus metas y tener éxito. **El número** 3 atrae la buena suerte, por esa* razón en esta casa las personas siempre estarán emprendiendo proyectos nuevos.

Número 4

Si tu casa tiene este número no vivirás mucho tiempo en ella, digamos que es una casa de tránsito. Es una casa para nuevos inicios, aquí puedes comenzar tu familia, pero garantizado que cuando crezca te mudarás. Si te quedas mucho tiempo comenzarán a surgir constantemente discrepancias contrariedades desacuerdos, contradicciones, antagonismos, hostilidades e inconsistencias.

Número 5

En esta casa siempre habrá fiestas o reuniones familiares. Quizás no tengas que hacerle muchos arreglos estructurales, pero siempre va a existir mucha tensión dentro de ella por toda la cantidad de personas que la visitan. En esta casa nunca habrá dos días similares. Sus propietarios serán muy diversos, pero si te gusta y no quieres mudarte debes estar constantemente limpiándola energéticamente.

Número 6

Esta casa siempre tiene buenas vibraciones, por eso la debes mantener iluminada. Es el hogar perfecto para las parejas recién casadas comienzan un proyecto de vida. Aquí la familia tendrá las condiciones necesarias para vivir en paz. También hará compasivas a las personas que vivan aquí.

Número 7

Esta es la casa ideal para los artistas ya que posee la condiciones favorables para la creatividad y reflexión. Sus habitantes serán muy espirituales. Para los escritores y estudiantes seria la perfecta. Es recomendable comprobar periódicamente si la casa tiene escapes de energías o concentración de malas vibraciones.

Número 8

*Este número se relaciona con la riqueza, no obstante, no es el lugar apropiado para formar y mantener una familia, ni para vivir feliz con tu pareja. **En esta casa todos estarán constantemente preocupados solo por el dinero y las cosas** materiales. Esto puede crear tensión en el hogar. Para un lugar de trabajo es perfecto.*

Número 9

En esta casa las personas pueden volverse un poco aburridas y vagas, aunque dentro de la misma habrá equilibrio, justicia, igualdad y empatía. Esta sería la casa ideal para un trabajador social, o un abogado. Posee energías curativas.

La Numerología y el Cuidado de tu salud

Tu número personal desvela cuáles son tus fragilidades en la salud y cómo reforzarla.

La suma de tu fecha de nacimiento y su reducción a un solo digito da como resultado tu número personal. En las páginas anteriores tienen como calcularlo.

Este número te revela diferentes particularidades como tu misión en la vida, tu carácter y, también las debilidades de tu salud, así como debemos reforzarlas. Los números tienen vibraciones energéticas vinculadas con las personas e influyen en su vida.

Cuando calcules tu número que te corresponde busca tus debilidades y cómo puedes fortalecerlas.

Número 1

Estas personas pueden ser adictos al trabajo por esa razón es habitual que siempre estén cansados. Este cansancio se manifiesta en los hombros, rodillas, la espalda y presión arterial alta. Estás personas necesitan practicar ejercicios a diario y evitar las situaciones de estrés.

Número 2

Estas personas son proclives a padecer dolores en las articulaciones, migraña y problemas en el sistema digestivo. Estas afecciones son consecuencia de reprimir emociones. Es recomendable que expresen lo que piensan y no guarden ningún resentimiento.

Número 3

Estas personas viven las emociones al extremo por eso padecen problemas de sobre peso, garganta y de los intestinos. El ejercicio es la medicina perfecta para soltar todo el estrés.

Número 4

Suelen sufrir de neuralgias, artritis, y depresión. Es importante que mantengan una dieta saludable y que le den prioridad a el descanso.

Número 5

Estos individuos son propensos a las adicciones. Pueden tener problemas en la glándula suprarrenal y artrosis. Hacer ejercicios, hidratarse de la forma correcta y una nutrición saludable es la solución.

Número 6

Estas personas lo quieren controlar todo, por esta razón casi siempre padecen de dolores de cabeza. Pueden también padecer de problemas en el sistema reproductor. El consumo de dulces y lácteos en exceso deben evitarlo. El estrés los empeora.

Número 7

Es tas persona padecen de insomnio, dolores de cabeza y son proclives a la depresión. Deben evitar consumir alimentos procesados, y mucho carbohidrato. Es recomendable que caminen al aire libre.

Número 8

Estas personas se preocupan en exceso por las cosas materiales y económicas. Proe esa razón son propensos a problemas cardíacos, hipertensión y ataque de pánico. La solución es disfrutar un poco más de la vida. Nunca ha existido un millonario feliz en un hospital. Deben reírse, tener mascotas, y compartir con amigos y familiares.

Número 9

Estas personas padecen de dolores en la cervical, problemas cardiovasculares, anemia y debilidad del sistema inmunológico. Practicar yoga, ejercicios de respiración y meditar son las mejores medicinas.

La Numerología y tu Profesión

En ocasiones tenemos un trabajo que lo realizamos porque no tenemos otra opción. Sin embargo, aunque tu no lo creas existe un trabajo que te motivaría a querer estará realizándolo constantemente y con mucha satisfacción.

A través de la numerología, con tu número personal (recuerda que en las páginas anteriores esta como calcularlo) puedes encontrar profesiones qué coincidan con tu número y encontrar un trabajo agradable y favorable.

Profesiones favorables para los números 1

Estas personas son firmes y siempre tienen motivación ya que tienen una fuente de energía inagotable. Estos individuos son perfectos para profesiones donde haya que tener capacidades de líder, como manejar contratistas, capitanes de barco, jueces, fiscales, artistas independientes, políticos. Lo más importante es que estas personas no pueden tener jefes, ellos deben tener el control.

Profesiones favorables para los números 2

*Estas personas son fuertes de espíritu,
pero diplomáticos y mediadores. También tienen
capacidad para dar clases y enseñar. Sus mejores
profesiones incluyen la enseñanza; asesoramiento en
las escuelas, en cualquier área de la medicina, ventas
de bienes raíces, diseñadores de modas, asesores
políticos, y camareros.*

Profesiones favorables para los números 3

*Estas personas son muy versátiles, tienen mucho
entusiasmo a la hora de comunicarse y los trabajos
afines para ellos serian en las áreas de las artes,
escritores, periodistas, como locutores o incluso
periodistas, mercadotecnia, profesiones afines con las
relaciones públicas, terapias grupales y
farmacéuticos.*

Profesiones favorables para los números 4

*Estas personas tienen los pies en la tierra, son muy
trabajadores, y les iría super bien en profesiones que
requieran altos niveles de concentración. Estarían
super cómodos en profesiones administrativas,*

bancos, asesores financieros, bolsa de valores, ingeniería, arquitectura; y guías turísticos. Podrían ser buenos abogados y también deportistas.

Profesiones favorables para los números 5

Estas personas disfrutan mucho de la naturaleza y son también son buenos en profesiones de riesgo. Entre las profesiones convenientes están las relaciones públicas, ventas, curador de antigüedades. Como son proclives a tomar riesgos frecuentemente se encuentran en el ejército.

Profesiones favorables para los números 6

Estas incluyen: Enseñanza y medicina Construcción e ingeniería; carpintería y mecánica; y muchos trabajos que están basados en tierra. Aquí usted puede encontrar a personas como Albert Einstein, el científico que no necesita introducción alguna.

Profesiones favorables para los números 7

Estas personas son apropiadas para profesiones que requieran un alto nivel de inteligencia. Estos incluyen profesiones como las matemáticas, la física, química.

Son buenos estrategas militares, negocios comerciales, artes teatrales, y cine.

Profesiones favorables para los números 8

Estas personas tienen mucho poder de concentración, son ambiciosos y valientes. Las profesiones favorables serian policías, corredor de carros, cirujanos, vendedores de productos de farmacia y contadores económicos.

Profesiones favorables para los números 9

Estas personas les favorecen las profesiones que necesitan diplomacia y ser equitativos. Serían muy efectivos como consejeros de escuelas, concejales, políticos, pediatras.

Profesiones favorables para los números 11

Las personas con este número son complicadas y difíciles de entender. Ellos tienen fuertes deseos de trabajar, pero no son muy tenaces. Las profesiones adecuadas serian la que requieren muchos conocimientos, pero que no necesariamente exijan pensamiento lógico sino más bien abstractos. Estos empleos podrían ser dar discursos, escribir sobre temas filosóficos, activistas y asesores políticos, tecnología, astrología, y ciencias psíquicas.

Profesiones favorables para los números 22

Estas personas son invariables y con un pensamiento extenso. Tienen la capacidad de agrupar personas y trabajar en común en beneficio de la humanidad. Ellos son adecuados para planificar, organizar, diplomáticos, embajadores y presidentes.

Número de Cumpleaños. Significado

Las personas con conocimientos esotéricos sabemos que nuestra alma escoge el día para nacer en este mundo, y que venimos con objetivos que debemos alcanzar y que están destinados.

El Número de Cumpleaños es el día que naciste, y tiene un impacto muy fuerte en tu vida. El Número de Cumpleaños identifica rasgos específicos que te ayudarán a avanzar en la vida.

Al conocer tu número de cumpleaños y su significado, puedes reducir o eliminar las características negativas y perfeccionar las positivas.

Cómo Calcular tu Número de Cumpleaños

Este es un cálculo simple. Escribes el numero la fecha en que naciste, y la reduces a un solo dígito si fuera necesario. Si naciste entre los días 1 y 9 de un mes no necesitas reducir los números. No obstante, si tu cumpleaños fue después del día 10 del mes, debes reducirlo hasta que llegues a un solo dígito.

Ejemplo:

Si naciste el día 18 del mes, sería 1 + 8 = 9.

Número de Cumpleaños 1

Si naciste los días 1, 10, 19 o 28 de un mes, tu Número de Cumpleaños es 1.

Esto significa que tienes habilidades para ser líder y eres muy independiente. Eres creativo y, posees mucho entusiasmo.

***Si naciste el día 1 del mes**, eres encantador y tienes formas creativas de completar tus metas. Casi todos los innovadores o pioneros de la historia han tenido el 1 como Número de Cumpleaños.*

Posees habilidades para ganar dinero con facilidad y eres por naturaleza dinámico. En ocasiones luces distante y das la impresión de que estás ignorando a los demás o que eres brusco.

Como eres un líder natural, pocas veces descansas, tu energía es nerviosa. En lo personal, cuando se trata de relaciones son fuertes. Eres honesto, tienes una fuerza de voluntad potente y piensas con rapidez.

Si naciste el día 10 del mes, *eres intuitivo y tienes más éxito cuando escuchas tus presentimientos. Eres dinámico, idealista y capaz de inspirar a los demás.*

Posees una capacidad única de reinventarte cuando es preciso, y como eres tan creativo puedes triunfar en cualquier negocio.

No te gusta prestar atención a los detalles y prefieres trabajar solo. En tu vida personal te relacionas con muchas personas, pero a pocas las llamas amigos.

Si naciste el día 19 del mes, *eres competitivo, tienes fuerza de voluntad y te gusta triunfar. Tienes una capacidad increíble para crear y comenzar nuevos negocios y tu gusta correr riesgos.*

Ser líder es algo muy natural para ti, pero trabajas mejor cuando te estás solo. En ocasiones puedes sentirte solo, incluso cuando estás con un grupo de personas y te resulta difícil reflejarte en los demás.

Tu personalidad es magnética y prefieres superar los desafíos en paz. Rara vez te molestas, pero cuando sucede explotas, aunque nunca guardas rencor.

Si naciste el día 28 del mes, *tu voluntad es fuerte, eres inteligente, y te gusta sobresalir. Eres rebelde y no te gusta seguir las reglas ya que eres bastante* *independiente. Eres muy práctico, pero analítico y entiendes los conceptos básicos de la humanidad.*

Tienes la capacidad de aplicar la lógica para obtener los resultados que necesitas. Eres perfeccionista, pero como eres innovador, nunca fracasas.

Número de Cumpleaños 2

Si naciste los días 2, 11, 24 o 29 del mes, tu Número de Cumpleaños es el Número 2.

Estas personas disfrutan de la armonía, y el trabajo en equipo, pero son sensibles. Son muy cooperativos y disfrutan de las cosas buenas de la vida.

***Si naciste el día 2 del mes**, frecuentemente haces trucos con la vida y realizas múltiples tareas con facilidad. En el fondo, deseas estar en paz, alcanzar el equilibrio en tu vida es uno de tus propósitos.*

Eres diplomático, tienes un lado ambicioso y te gusta trabajar en equipo. A nivel emocional, te tomas las cosas demasiado en serio y en ocasiones puedes subestimarte a ti mismo.

Los que están cerca de ti son importantes en tu vida, ya que, en tu búsqueda de la felicidad, necesitas familiares y amigos a tu alrededor por eso debes tratar de elegir tus relaciones con cuidado.

Tu hogar es muy importante, lo cuidas y te encanta pasar tiempo en tu casa.

Si naciste el día 11 del mes*, eres intuitivo y disfrutas el trabajo duro porque de esta forma puedes transformar tus ideas en realidad. Tienes tendencia a ser ansioso, un estilo de vida equilibrado es recomendable para ti.*

Es importante que descanses lo suficiente, ya que se pueden agotar tus niveles de energía. Te encanta estar en contacto con la naturaleza y rodeado de animales.

A nivel emocional, tienes tendencia a quedarte apegado a el dolor o las decepciones del pasado. Tiene que dejar atrás el pasado, debes trabajar en tus niveles de confianza para que desarrolles confianza en ti mismo.

Si naciste el día 20 *del mes, tienes tacto y diplomacia. Intentas adaptarte en la vida y encajas en cualquier grupo por tu empatía y tu capacidad para sentirte a gusto donde quieras que estes.*

Eres más feliz cuando estás con personas que son similares a ti, eres emocional y sensible y en ocasiones complaces exageradamente a los que te rodean.

Las otras personas se aprovechan de tus deseos de ayudar, por eso es importante que tengas tiempo de calidad a solas para que puedas disfrutar de la paz.

Si naciste el día 29 *del mes eres muy sensible, pero disfrutas compartir tiempo con los demás. Tienes un carácter muy fuerte, pero inspiras con facilidad a otros.*

Tienes habilidades naturales de líder. Si deseas tener éxito en tu profesión debes elegir una que utilice tus talentos. Tienes tendencia a la timidez, pero eres capaz de superarla, aunque estes en el centro de atención porque tu personalidad es muy fuerte.

El dinero y el poder te gustan, pero eres muy generoso con los demás. Es muy importante para ti estar en línea recta y en vez de optar por rutas fáciles. Tienes tendencia a los cambios de humor, por eso debes mantener tus emociones equilibradas.

Dentro de ti hay muchos sentimientos de inseguridad, aunque anhelas poder amar profundamente. Eres reservado, escondes tus sentimientos por temor a ser ridiculizado. Existe la posibilidad de que en tu niñez hayas tenido un trauma y esto puede persuadirte de tener hijos.

Número de Cumpleaños 3

Si naciste los 3, el 12, el 21 o el 30 del mes, tienes un sentido del humor increíble y eres muy creativo. Eres un buen comunicador, amable, entusiasta y te gusta divertirte.

Si naciste el día 3 del mes*, fácilmente sobresales por tus habilidades creativas. Tus forma de comunicación es excelente y eres muy popular.*

Las otras personas se sienten atraídas hacia ti en todos los sentidos. En ocasiones pareces distante debido a que la gente no siempre te entiende, pero incluso hay momento en los que no te entiendes ni a ti mismo.

Posees la capacidad de evitar que tu estado de ánimo se deteriore y eres un solucionador por excelencia de los problemas.

Si naciste el día 12 del mes*, eres un niño en tu alma y tu corazón. Como eres una persona sociable, las personas se sienten atraídas hacia ti y siempre tendrás amigos. Tienes sentimientos profundos y estás comprometido con las personas que amas. En ocasiones ocultas tus sentimientos y tus necesidades a los demás. Esto puede llevarte a ser una persona misteriosa. Tienes un buen vocabulario y te expresas* *correctamente, esto te convierte en un maestro, por eso podrías ser orador público. Tienes muchos intereses en diferentes áreas de la vida, pero es importante que no asumas tantas responsabilidades.*

Si naces el día 21del mes *atraes la suerte y las oportunidades. Disfrutas compartir tu buena con los demás. Eres muy popular, pero reservado en los eventos sociales. Puedes hablar con cualquiera personas sobre cualquier tema y posees un optimismo natural por la vida.*

Tu actitud ayuda a que los demás mejoren su estado de ánimo, y aunque eres obstinado a veces, tienes una mente curiosa. Existen momentos en los que te sientes nervioso porque estás constantemente movimiento, el descanso es importante para ti.

Si naciste el día 30 del mes, *tienes mucha creatividad y entretienes a los demás de forma natural. Eres encantador y triunfas en la vida gracias a tu creatividad. Ocasionalmente te es difícil alcanzar tus metas personales. Cuando tienes dinero, eres generoso, te atraen las cosas buenas de la vida. A las personas les resulta difícil llegar a conocer tu verdadera personalidad a pesar de que eres super divertido.*

Número de Cumpleaños 4

Si tu cumpleaños es el 4, 13, 22 el 31 del mes, tu Número de Cumpleaños es 4.

Con este Número de Cumpleaños, posees deseos de seguridad y necesidad de crear estructuras sólidas para tu futuro. Eres auto disciplinado, sincero y justo.

Si naciste el 4 día del mes, *eres convencional y práctico en tus enfoque. Conoces cómo obtener lo que deseas en la vida y tienes determinación para hacerlo.*

A veces, tus gustos y disgustos son notables y es difícil para ti cambiar tu forma de pensar. Eres feliz cuando puedes disfrutar de la vida. Es importante que dediques tiempo a aumentar tu vitalidad. Debes hacer énfasis en el descanso. En el amor te es muy difícil expresar tus emociones más profundas. Tienes apariencias de seriedad, sin embargo, una vez que las personas descubren lo amable que eres te adoran

Si naciste el día 13 del mes, *eres una persona compleja. Eres intelectual y con una capacidad monumental de razonamiento. Tienes talento para superar los obstáculos y puedes sentir cuando las cosas van mal para contrarrestarlas.*

Eres muy bueno resolviendo problemas y eres práctico y enérgico en tus enfoques. Las tradiciones son importantes para ti, al igual que tu familia.

Tienes una actitud equilibrada, pero a veces, te permites divertirte.

Si naciste el día 22 del mes, *eres organizador y líder natural. Tienes curiosidad y buscas respuestas a los enigmas de la vida. A pesar de que eres independiente, trabajas bien con grupos.*

Tienes un entusiasmo natural por la vida, y el equilibrio es importante para ti. Tu estado de ánimo puede decaer fácilmente. Posees muchas amistades inusuales y tienes la necesidad de hacerlos felices. A veces, eres sensible y tratas de ocultar tus sentimientos para proyectar que eres fuerte.

Si naciste el día 31 del mes, *siempre estás en movimiento y viajas con frecuencia. Tienes dotes artística, pero tu mente es fuerte y decidida. Tiene ideas, y la capacidad de aprovechar estas ideas y ponerlas en práctica si es necesario. Eres trabajador, práctico y tienes un ancla en la tierra. Tienes altos ideales y eres honesto. A veces, puedes rígido en tus formas, por eso debes tratar de ser flexible.*

Número de Cumpleaños 5

Si naciste el 5, 14 o 23 del mes, tu Número de Cumpleaños es el 5.

Tienes un sentido de la aventura exacerbado. Ser libre es importante para ti, pero esto te hace impaciente. Disfrutas de los cambios, eres ingenioso, curioso, y un pensador avanzado.

 Si naciste el día 5 del mes, *eres poco tradicional, y te gusta hacer lo que quieras. Tienes una visión de la vida única. Tu energía es ilimitada, esto significa que estás en movimiento constante y puedes eres rebelde porque detestas seguir las reglas. Tu personalidad es magnética, los demás te encuentran fascinante. Tienes dificultades con el compromiso y analizas muy rápido.*

Si naciste el día 14 del mes*, disfrutas los riesgos calculados y esto es parte de tu personalidad. Posees una memoria excelente, que te lleva a pensar en los dolores del pasado. Necesitas ser flexible y adaptable. Disfrutas de las comidas y bebidas, complaces demasiado tus sentidos. Eres muy generoso y, los demás te adoran.*

Si naciste el día 23 del mes, eres versátil y piensas muy rápido. Confías en tu intuición, puedes tener habilidades psíquicas. Siempre escuchas tu voz interior, posees mucha energía, y esto puede inquietarte y llevarte a experimentar cosas nuevas. Aunque te enfrentes a muchos desafíos siempre aterrizas de pie.

Número de Cumpleaños 6

Si tu cumpleaños cae los días 6, el 15 o el 24, tu Número de Cumpleaños será el 6.

Evitas las discusiones, prefieres la paz y armonía en tu entorno. Con frecuencia te sientes inquieto si discutes con los demás. Las personas se sienten atraídas por tu magnetismo.

Si naciste el día 6 del mes, tiene habilidades comerciales, eres artista y encantador. Tienes la capacidad de superar cualquier desafío. Le das importancia a tu vida familiar y siempre ayudas a los necesitados. Con frecuencia asumes demasiadas responsabilidades.

Disfrutas cuando le das consejos a los demás, pero te resulta difícil aceptar críticas.

Si naciste el día 15 del mes, eres sensible. Eres empático y tratarás de ayudar a quienes lo necesitan.

A veces, asumes los problemas ajenos y puede resultarte muy difícil dejarlos ir. La vida familiar es muy importante para ti. Eres muy respetado en los negocios, atraes personas influyentes a tu vida.

Si naciste el día 24 del mes, *trabajas duro para alcanzar tus metas, y te gusta ser simple. La clave de tu éxito es tu enfoque práctico y equitativo. Con frecuencia asumes cuando otros no pueden continuar, pero esperas que otros también asuman su responsabilidad. A menudo te encuentras rodeado de niños, o por personas con carácter jovial. Tu hogar es tu santuario y la música es tu forma favorita de relajarte.*

Número de Cumpleaños 7

Si naciste los días 7, 16 y 25 del mes, tu Número de Cumpleaños es el 7.

Eres reflexivo y siempre estás buscándole un significado a la vida. Adoptas un enfoque mesurado cuando tienes que tomar decisiones porque detestas equivocarte. Te sientes atraído por la naturaleza porque nutre tu mente y alma.

Si naciste el día 7 del mes, *tienes una apariencia distante, porque posees una timidez natural. Amas la* *privacidad y pocas personas conocen tu verdadero yo. Eres muy curioso y estas constantemente preguntando, aunque eres reacio a que te interroguen. Confías en tu intuición.*

***Si naciste el día 16 del mes**, tu poder de percepción es excelente, detectas la maldad de inmediato. Tienes una intuición Es importante que termines lo que comenzaste, para eso debes ser más analítico. Con frecuencia te consideran perfeccionista. Debes tratar de ver los aspectos positivos de la vida, ya que debes controlar tus cambios de humor.*

***Si naciste un día 25 del mes**, tienes necesidad de tranquilidad y anhelas estar solo. Es importante que te poder relajes y revitalices tu mente. Te atrae el mar, eres muy curioso, e intentas siempre descubrir cómo funciona las cosas. Es importante que sigas tus instintos y obtengas conocimientos metafísicos.*

Número de Cumpleaños 8

Si naciste los días 8, 17 o 26 del mes, tu Número de Cumpleaños será 8.

Tienes necesidad de ser tu propio jefe o, estar en una posición en la que tengas responsabilidades y puedas supervisar a los demás. Estás muy motivado por las posesiones materiales. Eres muy seguro, y ambicioso.

Si naciste el día 8 del mes, *tienes un aura magnética increíble a tu alrededor. Algunas personas te encuentran intimidante. Te gusta tomar tus propias decisiones y odias que te digan lo que hacer.*

El éxito es muy importante en tu vida y encuentras la felicidad en tener dinero y cundo luchas por el éxito material.

Si naciste el día 17 del mes, *eres ambicioso y tienes éxito en cualquier negocios. Tienes buena memoria, pero también tendencias adictivas. En ocasiones eres egocéntrico. Eres analítico y necesitas pruebas concretas, en vez de escuchar información al azar. Eres organizado y triunfas en el área de las finanzas.*

Si naciste el 26 del mes, *Posees una necesidad innata de tener relaciones equilibradas. Aprecias tu hogar y familia, pero casi siempre estas muy ocupado para disfrutarlos. Ere más feliz cuando estás rodeado de animales. Tienes habilidades de líder, eres organizado, pero padeces de estrés. Es importante que aprendas a mantener la calma y a manejar los factores estresantes.*

Número de Cumpleaños 9

Si naciste los días 9, el 18 o el 27del mes, *tu Número de Cumpleaños es el 9.*

Tienes deseos de que el mundo sea un lugar mejor. Tienes una mentalidad amplia e interés en los asuntos de política mundiales. Tiene capacidad de comprender a personas con diferentes tipos de pensamientos.

Si naciste el día 9del mes, tu corazón es bondadoso y compasivo. Eres idealista, y siempre extenderás la mano a los necesitados. Eres reservado con tu vida personal, y muy creativo. Eres sociable y atraes con facilidad. Eres un soñador, y te esfuerzas por inspirar a los demás. Recuerda que debes cuidar tu salud.

Si naciste el día 18 del mes, tienes potencial para ser exitoso. Eres artístico, conoces tus fortalezas, eres muy independiente y líder. Tus gustos son refinados y necesitas mantenerte estimulado mentalmente. Tiendes desinteresarte de las cosas mundanas.

Si naciste el día 27 del mes, eres muy privado con tu vida personal y te guardas tus emociones. Defiendes con pasión a quienes te rodean y tus habilidades de comunicación son increíbles. Tienes mucha

*creatividad, podrías ser muy buen escritor
o compositor. También te podría interesar la política.*

Acerca de los Autoras

Además de sus conocimientos astrológicos, Rubi tiene una educación profesional abundante; posee certificaciones en Sicología, Hipnosis, Reiki, Sanación Bioenergética con Cristales, Sanación Angelical, Interpretación de Sueños y es Instructora Espiritual. Rubi posee conocimientos de Gemología, los cuales utiliza para programar las piedras o minerales y convertirlos en poderosos Amuletos o Talismanes de protección.

Rubi posee un carácter práctico y orientado a los resultados, lo cual le ha permitido tener una visión especial e integradora de varios mundos, facilitándole las soluciones a problemas específicos. Alina escribe los Horóscopos Mensuales para la página de internet de la American Asociation of Astrologers, Ud. puede leerlos en el sitio www.astrologers.com. En este momento escribe semanalmente una columna en el diario El Nuevo Herald sobre temas espirituales, publicada todos los lunes en forma digital e impresa.

También tiene un programa y el Horóscopo semanal en el canal de YouTube de este periódico. Su Anuario Astrológico se publica todos los años en el periódico "Diario las Américas", bajo la columna Rubi Astrologa.

Rubi ha escrito varios artículos sobre astrología para la publicación mensual "Today's Astrologer", ha impartido clases de Astrología, Tarot, Lectura de las manos, Sanación con Cristales, y Esoterismo. Tiene videos semanales sobre temas esotéricos en su canal de YouTube: Rubi Astrologa. Tuvo su propio programa de Astrología trasmitido diariamente a través de Flamingo T.V., ha sido entrevistada por varios programas de T.V. y radio, y todos los años se publica su "Anuario Astrológico" con el horóscopo signo por signo, y otros temas místicos interesantes.

Es la autora de los libros "Arroz y Frijoles para el Alma" Parte I, II, y III, una compilación de artículos esotéricos, publicada en los idiomas inglés, español, francés, italiano y portugués. "Dinero para Todos los Bolsillos", "Amor para todos los Corazones", "Salud para Todos los Cuerpos, Anuario Astrológico 2021, Horóscopo 2022, Rituales y Hechizos para el Éxito en el 2022, Hechizos y Secretos, Clases de Astrología, Rituales y Amuletos 2024 y Horóscopo Chino 2024 todos disponibles en cinco idiomas: inglés, italiano, francés, japonés y alemán.

Rubi habla inglés y español perfectamente, combina todos sus talentos y conocimientos en sus lecturas. Actualmente reside en Miami, Florida.

*Para más información pueden **visitar el website** www.esoterismomagia.com*

Alina A. Rubi es la hija de Alina Rubi. Actualmente estudia psicología en la Universidad Internacional de la Florida.

Desde niña se interesó en todos los temas metafísicos, esotéricos, y práctica la astrología, y Kabbalah desde los cuatro años. Posee conocimientos del Tarot, Reiki y Gemología. No solo es autora, sino editora juntamente con su hermana Angeline A. Rubi, de todos los libros publicados por ella y su mamá.

Para más información pueden contactarlas por email: ***rubiediciones29@gmail.com***

Bibliografía

Artículos publicados por una de las autoras en el Nuevo Herald.